EXPOSITION

DE 1789

—

XXXV

COLLECTION

DES

LIVRETS

DES

ANCIENNES EXPOSITIONS

DEPUIS 1673 JUSQU'EN 1800

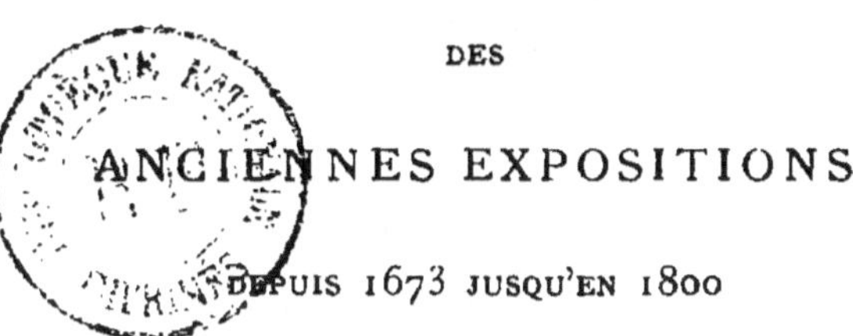

EXPOSITION DE 1789

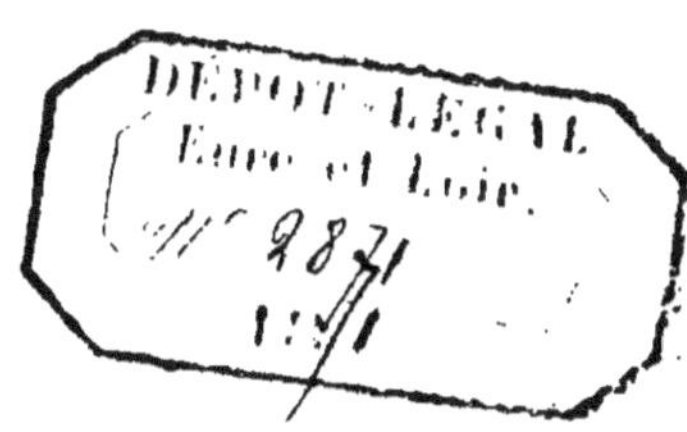

PARIS

LIEPMANNSSOHN, ÉDITEUR

11, rue des Saints-Pères

—

JUILLET 1870

1871

NOMBRE DU TIRAGE

DU LIVRET DE 1789.

375	exemplaires	sur papier vergé.
25	—	sur papier de Hollande.
10	—	sur chine.

N°

Ce livret est vendu seul 2 fr. 50.

NOTICE BIBLIOGRAPHIQUE.

LIVRET :

Deux éditions. La première de 60 p. et 335 n^{os}; la seconde de 64 p. et 350 n^{os}. La page 61 porte en tête la rubrique : Supplément. Aucune des deux éditions ne renferme l'Arrêt ni le Privilége.

CRITIQUES :

Journal de Paris : 19 et 23 sept., 7 oct., 8 et 16 novembre.

Année littéraire : Observations sur les peintures et sculptures exposées au Salon du Louvre. — Suite des Observations... Second extrait. — Suite des Observations... Dernier extrait. — 1789. T. VI, p. 19-34; 212-228; 265-281.

Observations critiques sur les Tableaux du Sallon de l'année 1789. IIIe suite du discours sur la peinture. Paris, 1789, in-8, 32 p.

(Le Comte DE MENDE MAUPAS). Remarques sur les ouvrages exposés au Salon par le C. D. M. M. de plusieurs Académies, etc. *Seigneur, si j'ai raison, qu'importe qui je sois.* In-8, 14 p. Chez Knapen fils. — Supplément aux remarques..... In-8, 4 p. Chez Knapen fils.

Le Spectateur françois au Sallon, et projet d'encouragement patriotique pour les Arts et l'Académie de peinture. De l'imp. de Monsieur. 1779 (pour 1789), in-8, 14 p.

Vérités agréables, ou le Salon vu en beau par l'Aûteur du Coup-de-patte. S. d., in-8, 23 p. Chez Knapen et fils. Imp. de la Cour des Aides.

L'Observateur au Sallon de l'année 1789. N° premier. Au Louvre, chez Lecomte, et au Palais-Royal, chez Dínée. *La vérité sans humeur plaît toujours aux honnêtes gens.* (Prom. d'un Obs. au Sal. de 1787). 1789, in-8, 15 p., impr. de Seguy-Thiboust, place Cambrai. (Le premier numéro paraît avoir seul vu le jour).

Nau Deville. Sur l'exposition des tableaux au Sallon du Louvre. In-8, 11 p. Signé Nau-Deville. Paris, 25 Juillet 1789, imp. de N. H. Nyon.

Entretien entre un amateur et un admirateur sur les tableaux exposés au Sallon du Louvre de l'année 1789. S. l., in-8, 28 p.

Grande assemblée des Barbouilleurs, ou la révolution de la peinture. Dialogue en vers traduit d'un manuscrit grec trouvé au Sallon. S. titre, in-8, 8 p.

Les Eleves au Salon, ou l'Amphigouri : dialogue en prose entre l'Enthousiaste, l'Antique, les Grâces et le Goût. A Paris, Lecomte, 1789, in-8, 48 p.

La personnalité n'est pas d'un honnête homme,
Mais quand le sot pâlit, c'est le sot qui se nomme.

Critique impartiale des ouvrages exposés au Salon, signée D. Les artistes attribuèrent cette pièce à leur confrère Ducreux qui répondit par des injures dans une lettre imprimée. La *Grande assemblée des Barbouilleurs* est elle-même une riposte à cette réponse.

EXPLICATION
DES PEINTURES,
SCULPTURES
ET GRAVURES,
DE MESSIEURS
DE L'ACADÉMIE ROYALE,

Dont l'Expoſition a été ordonnée, ſuivant l'intention de SA MAJESTÉ, par M. le Comte DE LA BILLARDRIE D'ANGIVILLER, *Conſeiller du Roi en ſes Conſeils, Meſtre-de-Camp de Cavalerie, Chevalier de l'Ordre Royal & Militaire de S. Louis, Commandeur de l'Ordre de S. Lazare, Gouverneur de Rambouillet, Directeur & Ordonnateur-Général des Bâtimens de Sa Majeſté, Jardins, Arts, Académies & Manufactures Royales; de l'Académie Royale des Sciences.*

A PARIS,
De l'Imprimerie des Bâtimens du ROI,
& de l'Académie Royale de Peinture.

M. DCC. LXXXIX.
AVEC PRIVILÉGE DU ROI.

AVERTISSEMENT.

Chaque Morceau eſt marqué d'un Numéro répondant à celui qui eſt dans le Livre. Pour en faciliter la recherche, on a interrompu l'ordre des grades de Meſſieurs de l'Académie, & les Ouvrages ſont rangés ſous les diviſions générales de Peintures, Sculptures & Gravures : *ainſi, pour trouver le Numéro marqué ſur un Tableau, le Lecteur verra au haut des pages,* Peintures, *& ne cherchera que dans cette partie. Il en ſera de même des autres.*

EXPLICATION

Des PEINTURES, SCULPTURES, & autres Ouvrages de Meſſieurs de l'Académie Royale, qui ſont expoſés dans le Sallon du Louvre.

PEINTURES.

OFFICIERS.

RECTEURS.

Par M. *Vien*, Chevalier de l'Ordre du Roi, premier Peintre de Sa Majeſté, ancien Directeur de l'Académie de France à Rome, Honoraire de l'Académie Royale d'Architecture, &c. Directeur, Chancelier & Recteur.

Nº 1. L'Amour fuyant l'Eſclavage.

Tableau de 5 pieds 10 pouces de large, ſur 4 pieds 10 pouces de haut.

2. Une Mere faiſant, par ſon fils & ſa fille, porter des offrandes à l'autel de Minerve, Déeſſe de la Sageſſe.

4 pieds 9 pouces de large ſur 4 pieds 3 pouces de haut.

Par M. *de la Grenée*, l'aîné, ancien Directeur de l'Académie de France à Rome, de l'Académie de Saint-Pétersbourg, Honoraire de celle de Toulouſe, Recteur.

3. Alexandre conſulte l'Oracle d'Apollon.

Avant de partir pour l'Aſie, Alexandre voulant conſulter l'Oracle d'Apollon, ſe rendit à Delphes, & y arriva, par haſard, pendant les jours que l'on appelle malheureux, & dans leſquels il n'étoit pas permis de conſulter l'Oracle. La Prêtreſſe refuſa d'entrer dans le Temple. Alexandre, qui ne pouvoit ſouffrir de réſiſtance, l'ayant priſe bruſquement par le bras, & la conduiſant au Temple, elle s'écria : *ô mon fils, on ne peut te réſiſter!* Il n'en demanda pas davantage; & regardant cette parole comme un Oracle, il prit le chemin de Macédoine, pour ſe préparer à ſa grande expédition.

Tableau, pour le Roi, de 10 pieds quarrés.

PROFESSEURS.

Par M. *Brenet*, Profeſſeur.

4. La Continence de Scipion.

Tableau de 4 pieds de haut ſur 5 pieds & demi de long.

5. Henri II décore du collier de ſon Ordre le Vicomte de Tavanne.

Dans l'affaire de Renti, contre Charles-Quint, le Roi Henri II avoit remarqué le courage du Vicomte de Tavanne; & comme ce Guerrier approchoit de la tente du Roi, l'épée encore au poing, & teinte de fang, le Monarque l'apperçoit, court à lui & l'embraffe; enfuite s'arrache fon collier, & lui paffe au col.

Tableau, pour le Roi, de 10 pieds de haut fur 8 de large.

Par M. *du Rameau*, Peintre de la Chambre & du Cabinet du Roi, & Garde des Tableaux de Sa Majefté, Profeffeur.

6. Séance des Etats-Généraux de France à Verfailles, le 5 Mai 1789.

Cette Efquiffe, de 1 pied 7 pouces de haut fur 2 pieds 1 pouce & demi de large, eft le projet d'un Tableau de 14 pieds de haut fur 30 de large, que l'on fuppoferoit placé au Château de Verfailles, dans le Sallon d'Hercule.

7. Deux Tableaux ovales, l'un, Jefus-Chrift guériffant le Paralytique, & l'autre Jefus-Chrift chaffant les Vendeurs du Temple.

Pour Fontainebleau. 7 pieds de haut fur 4 de large.

8. Combat d'Entelle & de Darès aux Jeux funèbres à l'anniverfaire de la mort d'Anchife. *Énéide*.

13 pieds de large fur 10 de haut.

Par M. *de la Grenée* le jeune, Profeffeur.

9. Télémaque & Mentor jetés dans l'Ifle de Calypfo.

Le moment eſt celui où, tous deux retirés après la tempête dans la grotte de la Nymphe, le jeune Télémaque paroît ſe complaire à conſidérer la beauté & la magnificence des habits que Calypſo y avoit fait apporter, & où Mentor lui reproche de trop s'y arrêter.

Tableau, pour le Roi, de 10 pieds quarrés.

10. Achille ſous l'habit de fille, reconnu par Ulyſſe au milieu de la Cour de Lycomède.

Tableau de 6 pieds de large ſur 4 de haut.

11. La chaſte Suſanne délivrée, & les Vieillards condamnés par Daniel.

Eſquiſſe de 18 pouces de large ſur 24 de long.

12. Pluſieurs Eſquiſſes ſous le même numéro.

ADJOINTS A PROFESSEURS.

Par M. *Suvée,* Honoraire de l'Académie Impériale de Bruges, Adjoint à Profeſſeur.

13. L'Ange Raphaël diſparoiſſant au milieu de la famille de Tobie.

Ce Tableau, de 10 pieds quarrés, eſt pour le Roi.

14. Saint Denys prêchant la Foi aux Gaulois.

Ce Tableau d'Autel, de la Cathédrale de Senlis, a 10 pieds 6 pouces de haut ſur 5 pieds & demi de large.

15. Madame de Chantal recevant de Saint François de Salles l'inſtitut de ſon Ordre.

Ce Tableau d'Autel, pour Saint-André-des-Arcs, a 8 pieds de haut ſur 5 de large.

16. Portrait de M. l'Abbé de Van-Outryve, Député aux Etats de Flandres.
17. Plusieurs Portraits sous le même numéro.
18. Dessin d'un Tableau d'Autel, représentant Saint Pierre délivré de la prison, exécuté pour Madame la Marquise de Granmont-Salive.

Par M. *Vincent*, de l'Académie des Sciences, Arts & Belles-Lettres de Dijon, & de la Société d'Emulation des Sciences & Arts de Liége, Adjoint à Professeur.

19. Zeuxis choisissant pour modèles les plus belles filles de la ville de Crotone.

Zeuxis, célèbre Peintre Grec, ayant été appellé chez les Crotoniates pour décorer le Temple de Junon, leur proposa de faire un Tableau représentant Hélène, dans lequel, pour peindre une femme parfaitement belle, il vouloit porter son Art jusqu'au plus haut degré de perfection. Les Crotoniates accepterent volontiers une proposition dont la renommée de Zeuxis assuroit le succès; & sur sa demande, ils l'autoriserent, par un consentement public, à choisir pour modèles les plus belles filles de leur Ville. Zeuxis, ne pouvant trouver réunies dans le même objet toutes les perfections dont il desiroit enrichir son Ouvrage, fit choix de cinq jeunes filles, dont la beauté fut chantée par les Poëtes de leur tems, & devint d'autant plus célèbre, qu'elle avoit mérité la préférence de la part d'un Juge, regardé comme infaillible à cet égard.

Tableau, pour le Roi, de 13 pieds de large fur 10 de haut.

CONSEILLERS.

Par M. *Vernet*, Confeiller.

20. Deux Tableaux; l'un, une Mer calme au coucher du foleil, avec un grouppe de figures fur le devant, qui eft la famille de l'Auteur; l'autre une Tempête avec le naufrage d'un vaiffeau.

21. Un incendie pendant la nuit.

22. Un Lever du Soleil par un brouillard.

23. Deux petits Tableaux ovales; l'un, un Payfage, & l'autre, une Marine.

Ces fix Tableaux font tirés du cabinet de feû M. Paupe.

24. Deux Tableaux; l'un, un Calme au coucher du foleil; l'autre, une fin d'Orage, avec un vaiffeau naufragé dont s'eft fauvé le Capitaine avec fa femme, fon enfant, & quelques Matelots. Tandis que la femme fe jette au pied d'une Croix plantée fur le rivage, que l'enfant fe jette fur fa mere, le Capitaine fe défefpere d'avoir perdu fa fortune.

25. Deux Tableaux; une Tempête où l'on voit dans le fond le naufrage d'un vaiffeau à l'entrée d'un port, & l'autre, une Pêche au lever du Soleil, dans un tems de brouillard.

26. Deux Tableaux; l'un repréfente le naufrage de Virginie à l'Ifle de France, fujet tiré d'un Ouvrage de M. de Saint-Pierre; l'autre eft un Payfage au lever du Soleil.

Ils appartiennent à M. Girardot de Marigny.

27. Un Calme au coucher du Soleil.

Il appartient à M. Imbert, premier Chirurgien de Monſeigneur le Duc d'Orléans.

28. Un Temps orageux dans un lieu ſauvage, au milieu d'arbres & de rochers, dans le goût de Salvator-Roſa.

29. Pluſieurs autres Tableaux ſous le même numéro.

Par M. *Roſlin*, Chevalier de l'Ordre de Vaſa, de l'Académie Royale de Peinture & Sculpture de Stockolm, Conſeiller.

30. Pluſieurs Tableaux ſous le même numéro.

Par M. *Dupleſſis*, Conſeiller.

31. Pluſieurs Portraits ſous le même numéro.

Par M. *Robert*, l'un des Gardes du Muſœum du Roi & Deſſinateur des Jardins de Sa Majeſté, Conſeiller.

32. Deux Tableaux; l'un, repréſentant les Monumens antiques de la France, & l'autre, une partie des principaux Edifices de Paris.

De 6 pieds de long ſur 4 & demi de haut.

33. Deſtruction d'un Temple, près duquel eſt placée la Statue de Marc-Aurèle.

Tableau de 9 pieds de long ſur 6 pieds & demi de haut.

34. Deux Tableaux, dont l'un repréſente les reſtes

d'une ancienne galerie, dans laquelle on a conſtruit une Buanderie publique; & l'autre, une ſuite d'anciens Portiques ornés de Statues & de Fontaines.

5 pieds de long ſur 4 de haut.

35. Temple circulaire, jadis dédié à Vénus, & que l'on a reſtauré pour ſervir d'aſyle libre aux pigeons qui déſertent les colombiers.

3 pieds & demi de haut ſur 2 pieds & demi de large.

36. Deux Eſquiſſes faites d'après nature; l'une eſt une vue priſe ſur la rivière, ſous l'une des arches du Pont Royal, dans le tems de la grande gelée de l'hiver dernier; & l'autre, repréſente la Baſtille dans les premiers jours de ſa démolition.

Elles ont 4 pieds de long ſur 3 de haut.

37. Deux Deſſins; l'un repréſente les reſtes d'un Temple d'Athènes, & l'autre, un Pont triomphal ſur un Port de Mer.

38. Pluſieurs Tableaux ſous le même numéro.

Par M. *Van Spaendonck*, Peintre du Cabinet du Roi, Conſeiller.

39. Vaſe rempli de différentes fleurs & poſé ſur une table de marbre, où ſe trouvent deux ananas & une corbeille garnie de différens fruits.

4 pieds 5 pouces de haut ſur 3 pieds & demi de large.

40. Autre petit Tableau de Pêches poſées ſur un appui de marbre.

15 pouces & demi de haut ſur 18 pouces de large.

ACADÉMICIENS.

Par M. *Roland de la Porte*, Académicien,

41. Jeux d'Enfans imitant le bas-relief.

Tableau ovale de 2 pieds de haut fur 1 pied 9 pouces de large.

42. Petit Tableau, où l'on voit un égrugeoir, des œufs, des fraifes, &c.

1 pied de haut fur 1 pied 3 pouces de large.

43. Un petit Défordre de cabinet.

1 pied & demi de haut fur 1 pied 9 pouces.

44. Un petit Oratoire.

1 pied & demi de haut fur 1 pied 3 pouces.

45. Une grappe de Raifin attachée à un vieux mur.

1 pied 2 pouces de haut fur 1 pied de large.

Ces trois tableaux appartiennent à Madame la veuve Paupe.

46. Un panier d'œufs frais, avec quelques fruits & légumes.

1 pied 4 pouces de haut fur 1 pied 7 pouces de large.

47. Deux Tableaux repréfentans quelques uftenfiles & l'intérieur d'une cuifine. On y voit des fruits, des légumes, &c.

Ces deux Tableaux de même grandeur que les précédens.

Par Mme *Vallayer-Cofter*, Académicienne.

48. Une Figure de l'Etude, en marbre blanc, grouppée avec des madrépores, des coquillages & des minéraux.

Hauteur 3 pieds, largeur 2 pieds 8 pouces.

49. Un Enfant qui fait des châteaux de cartes.

Tableau ovale, 3 pieds fur 2 pieds 8 pouces.

50. Des fleurs dans un vafe de cryftal.

2 pieds quarrés.

51. Deux petits Tableaux imitant des Bas-reliefs en bronze.

Largeur, 1 pied 3 pouces; hauteur, 1 pied 1 pouce.

Par M. *de Wailly*, Architecte du Roi, Académicien.

52. Deux Tombeaux de Saint-Pierre de Rome, l'un, d'Alexandre VII, & l'autre, d'Urbain VIII.

53. Baldaquin de Saint-Pierre, avec le Projet d'un Autel & d'un Efcalier pour defcendre à l'Eglife fouterreine.

Ces trois deffins appartiennent à M. Boutin, Tréforier de la Marine.

54. Deux Deffins d'une Chaire pour l'Eglife de Saint-Sulpice, dont l'un eft exécuté & appartient à M. le Duc d'Aiguillon.

55. Deux Deffins du Théâtre François, avec les augmentations dont il eft fufceptible, fans dénaturer ce qui exifte.

56. Deux Plans de Paris; fur l'un font tracées les anciennes & nouvelles Clôtures; fur l'autre font indiqués & lavés en rouge des projets d'utilité & d'embelliffement pour cette Capitale.

57. Trois Deffins, qui font les trois divifions du Projet énoncé ci-deffus, repréfentant, en vue d'oifeau, les détails des diverfes parties du Projet général.

58. Vue Perfpective de la Place Louis XV, telle qu'elle a été projetée par l'Auteur, & mife fous les yeux de l'Académie des Sciences en 1786.

Ce deffin appartient à M. Bailly, Maire de la Ville de Paris.

59. Plufieurs Deffins fous le même numéro, dépendans du Projet général des Etabliffemens utiles & Embelliffemens de Paris.

Par M. *Jollain*, Garde du Mufœum, Académicien.

60. La chafte Sufanne.

5 pieds 6 pouces de hauteur fur 4 pieds 4 pouces de large.

61. Marius à Carthage.

22 pouces de large, 18 pouces de haut.

62. Philoctète.

Même mefure.

Par M. *Callet*, Académicien.

63. Portrait du Roi.

64. Portrait de Monfieur, Frere du Roi.

Ces deux Tableaux, de 10 pieds de haut fur 7 de large, ne paroitront pas dans les premiers jours de l'expofition.

65. L'Eté *ou* les Fêtes de Cérès.

Tableau pour le Roi, dix pieds quarrés.

66. Tête de Femme, Tableau ovale.

Par M. *Berthelemy.*

67. Conftance d'Eléazar, l'un des Princes des Scribes & des Docteurs de la Loi, que le Miniftre d'Antiochus veut contraindre de facrifier aux Idoles, & qui préfere la mort au crime de manger de la chair défendue.

Ce Tableau, de 10 pieds fur 8, eft pour le Roi.

68. Sainte Catherine foutenant la Foi chrétienne au milieu des Philofophes d'Alexandrie & devant l'Empereur Maximin.

Ce Tableau, pour la Cathédrale de Senlis, a 10 pieds & demi de haut fur 5 pieds & demi de large.

Par M. *Hue*, Académicien.

69. Combat naval qui a affuré la conquête de la Grenade, fous les ordres de M. le Comte d'Eftaing, Vice-Amiral de France, contre l'Amiral Byron.

Ce Tableau, de 8 pieds de large fur 6 de haut, appartient au Roi.

70. Un Payfage repréfentant l'Ifle de Chypre, caractérifée par des Nymphes, des Amours & des Offrandes portées au Temple de Vénus, placé fur une éminence.

7 pieds de large fur 5 de haut. Ce Tableau appartient à M. le Préfident Bernard.

71. L'intérieur d'un bois, où Venus préfente fon fils à Calypfo, au moment que cette Nymphe étoit feule près d'une Fontaine & loin de fa Grotte.

Ce Tableau, large de 5 pieds, haut de 4, appartient à M. Menage de Preffigny.

72. Intérieur des Ecuries de Mécène à Tivoli, où plufieurs femmes fe baignent.

Ce Tableau, de 3 pieds de large fur 2 de haut, appartient à M. Auguftin, Peintre en Miniature.

73. Payfage des environs de Rome.

Ce Tableau, de 3 pieds de large, fur 2 pieds de haut, appartient à M. Berruer, Sculpteur du Roi.

Par M. *Sauvage*, Membre de l'Académie de Touloufe, Académicien.

74. Tableau repréfentant l'Amour appuyé fur un cafque, tenant fon arc de l'autre main. Derrière lui eft un bouclier antique, accompagné de différens objets de nature morte.

3 pieds 1 pouce de large fur 2 pieds 6 pouces de haut.

75. Une Frife imitant le bronze & repréfentant des Monftres marins avec différentes Figures de Femmes, d'Enfans, &c.

4 pieds 1 pouce fur 1 pied 5 poûces de haut.

76. Trois autres petits Tableaux fous le même numéro.

Par Mme *Le Brun*, Académicienne.

77. S. A. S. Mme la Ducheffe d'Orléans.

Hauteur 3 pieds & demi, largeur 2 pieds 7 pouces.

78. Le jeune Prince Henri Lubaumisky, repréfentant l'Amour tenant une couronne de myrthe & de laurier.

3 pieds 4 pouces de haut, 3 pieds 8 poûces de large.

79. Mahomet Dervifch-Kam, premier Ambaffadeur de Typpo-Sultan.

Hauteur 3 pieds, largeur 4 pieds & demi.

80. Mahomet Ufman-Kam, fecond Ambaffadeur de Typpo-Sultan.

Hauteur 3 pieds fur 4 pieds & demi.

81. L'Epoufe de M. Rouffeau, Architecte du Roi, avec fa fille.

3 pieds 9 pouces de haut fur 2 pieds 10 pouces de large.

82. M. Robert, Peintre du Roi, Confeiller de l'Académie.

Hauteur 3 pieds 4 pouces, largeur 2 pieds 7 pouces.

83. Mlle Brognard, fille de M. Brognard, Architecte du Roi.

Hauteur 1 pied 9 pouces, largeur 1 pied 5 pouces.

84. Plufieurs Tableaux fous le même numéro.

Par Mme *Guyard*, Académicienne.

85. Portrait de Madame Victoire, montrant une Statue de l'Amitié, fur le piédeftal de laquelle on lit cette infcription :

Précieufe aux Humains & chère aux Immortels
J'ai feule, auprès du Trône, un Temple & des Autels.

Près du piédeftal eft un vafe orné d'un bas-relief, repréfentant un facrifice à l'amitié, & dans le vafe deux lys qui croiffent enfemble.

8 pieds 6 pouces de haut fur 6 pieds 2 pouces de large.

86. Portrait de feûe Madame Louise-Elisabeth de France, Infante d'Espagne, Duchesse de Parme, avec son Fils âgé de deux ans.

9 pieds sur 5 pieds.

87. Portrait de M. le Prince de ***, Chevalier de l'Ordre de la Toison d'or.

6 pieds 8 pouces sur 4 pieds 6 pouces.

Tous ces portraits sont en pied.

Par M. *David*, Académicien.

88. J. Brutus, premier Consul, de retour en sa maison, après avoir condamné ses deux fils, qui s'étoient unis aux Tarquins & avoient conspiré contre la Liberté Romaine, des Licteurs rapportent leurs corps pour qu'on leur donne la sépulture.

Ce Tableau, de 13 pieds sur 10, est pour le Roi; il ne paroîtra que vers la fin de l'exposition.

89. Les Amours de Pâris & d'Hélène.

5 pieds & demi de long sur 4 pieds & demi de haut.

Par M. *Regnault*, Académicien.

90. Une Descente de Croix.

Tableau de 7 pieds 6 pouces de large sur 13 pieds 4 pouces de haut, pour la Chapelle Royale de Fontainebleau.

91. Le Déluge.

2 pieds 2 pouces sur 2 pieds 10 pouces.

92. Un Dessin représentant l'Amour & Vénus.

18 pouces sur 20.

Par M. *Taillaſſon*, Académicien.

93. Sabinus & Eponinne avec leurs Enfans, découverts dans leur retraite par les Soldats de Veſpaſien.

Sabinus, un des Chefs des Gaulois, s'étant révolté contre Veſpaſien, eut d'abord du ſuccès, fut proclamé Empereur, enſuite vaincu & abandonné par les ſiens. Alors il fait brûler ſes palais, renvoie tous ſes ſerviteurs, excepté deux affranchis fidèles, & fait courir le bruit qu'il s'eſt empoiſonné. Cependant il ſe retire dans des ſouterreins avec ſes tréſors. Sa femme Eponinne alloit l'y trouver la nuit & le pleuroit le jour, pour mieux confirmer le récit de ſa mort. Elle finit par s'enfermer tout-à-fait avec lui, & devint mere de deux jumeaux. Cette famille ayant paſſé 9 ans dans cette retraite, fut enfin découverte & conduite à Veſpaſien.

Ce Tableau a 5 pieds de haut ſur 6 pieds 2 pouces de large.

94. Herminie, devenüe Bergere, grave ſur les arbres ſes aventures malheureuſes & le nom de Tancrède.

Ce Tableau, de 4 pieds de haut ſur 3 pieds de large, appartient à M. ***

95. Sainte Cécile, demi-figure de grandeur naturelle.

Ce Tableau, de 4 pieds de haut ſur 3 de large, appartient à M. ***

96. Abailard.

Ce Tableau, de 3 pieds 8 pouces de haut ſur 3 pieds de large, appartient à M. Orry de la Roche.

Par M. *Céſar Wanloo*, Académicien.

97. Quatre Tableaux, dont deux repréſentant une

Vue des environs de *Vicovare*, & l'autre des *Ben-Fratelli* de *Tivoli*. Un du Pont de *Ronciglione*, appartenant à M. de Villier, & l'autre, à M. Renouard, repréſentant la Vue du Tombeau de la famille *Plautia*, ſur le chemin de Tivoli.

Ces quatre Tableaux ont 5 pieds de large ſur 4 pieds 9 pouces de haut.

Par M. *le Barbier*, de l'Académie des Sciences, Belles-Lettres & Arts de Rouen, Académicien.

98. Ulyſſe ſortant de Sparte avec Pénélope pour retourner à Ithaque, ou la Pudeur.

Icarius ayant marié ſa fille à Ulyſſe, voulût engager ſon gendre à ſe fixer à Sparte; mais ce fut en vain. Trompé dans ſes eſpérances, il tourna ſes efforts du côté de ſa fille & la conjura de ne le point quitter; & au moment qu'il la vit partir pour Ithaque, il redoubla ſes inſtances, & ſe mit à ſuivre ſon char.

Las de tant d'importunités, Ulyſſe dit à ſa femme qu'elle pouvoit opter entre ſon pere & ſon époux, & qu'il la laiſſoit maîtreſſe, ou de venir avec lui, ou de s'en retourner avec ſon pere. Alors Pénélope rougiſſant ne répondit qu'en mettant un voile ſur ſon viſage.

Pauſanias, Voyages de Laconie.

Ce Tableau, de 6 pieds de long ſur 4 pieds 10 pouces de haut, appartient à M. Avril, & ſera gravé par lui pour faire ſuite à douze ſujets moraux tirés de l'Hiſtoire.

99. Henri, dit Dubois, Soldat aux Gardes-Françoifes, qui eft entré le premier à la Baftille.

Deffins.

100. Coriolan chez les Volfques, cédant aux prières de fa mere, de fa femme, & aux larmes des Dames Romaines, renonce à fe venger de Rome.

101. Clélie & neuf Dames Romaines étant en ôtage dans le camp de Porfenna, paffent le Tybre à la nage & retournent à Rome.

102. Plufieurs Deffins fous le même numéro, pour les Œuvres de Gefner.

103. Frontifpice pour la nouvelle Traduction du Voyage en Grèce de Paufanias.

Par M. *Veftier*, Académicien.

104. Portrait d'une Dame Hollandoife avec fes Enfans, tenant dans fes bras le plus jeune qu'elle nourrit.

4 pieds 8 pouces de haut fur 3 pieds 8 pouces de large.

105. Portrait de Jean Theurel, Doyen des Vétérans penfionnés du Roi au Régiment de Touraine, né le 8 Septembre 1698, à Orrain, en Bourgogne; il a monté trois gardes audit Régiment, fous Louis XIV, au fiège de Kell; à la tranchée il reçut une balle qui lui traverfa le corps, à la bataille de Minden il eut dix-fept coups de fabre, dont fept font marqués fur fa tête.

4 pieds 6 pouces de haut fur 3 pieds 6 pouces de large.

106. Une jeune Perfonne occupée à deffiner la tête

de Vénus, tandis qu'un Enfant, appuyé fur fon bras, s'efforce de voir un chat qui joue avec les cordons du porte-feuille.

3 pieds 3 pouces de haut fur 2 pieds 7 pouces de large.

107. Autre jeune Perfonne en chemife de gaze, jouant de la guitare, ayant auprès d'elle un Enfant qui retourne un feuillet de fon cahier de Mufique.

De même grandeur que le précédent.

108. Grande Tête d'étude de Femme, couronnée de rofes.

Tableau ovale de 3 pieds 3 pouces fur 2 pieds 9 pouces.

109. Petit Ecolier appuyé fur fon livre.

2 pieds 2 pouces de haut fur 1 pied 9 pouces de large.

110. Trois Portraits ovales, dont deux de Femmes, fous le même numéro, de 32 pouces fur 27 de large.

111. Jean-Henri Mafers, Chevalier de la Tude, Ingénieur, retenu, pendant 35 ans, dans les prifons d'Etat, dont il s'eft échappé plufieurs fois, & entr'autres de la Baftille, avec deux échelles, l'une de bois, & l'autre de corde, toutes deux faites par lui & fon compagnon, fans le fecours de perfonne que de leur induftrie; ils y ont employé leur bois de chauffage & leur linge qu'ils ont filé.

4 pieds fur 3.

Par M. *Peyron*, Infpecteur de la Manufacture Royale des Gobelins, Académicien.

112. Mort de Socrate.

Socrate prêt à boire la ciguë, & ayant fait un ſublime diſcours ſur l'immortalité de l'âme, reproche à ſes diſciples & à ſes amis leurs gémiſſemens. Quoi, dit-il, des hommes ſi admirables s'abandonnent à la douleur! Où donc eſt la vertu? J'ai renvoyé ces femmes, de peur qu'elles ne tombaſſent dans de pareilles foibleſſes. Il faut mourir tranquillement, & en béniſſant l'Être ſuprême; montrez donc plus de courage & de fermeté.

Ce Tableau, de 13 pieds ſur 10, eſt pour le Roi.

113. Deux petites Eſquiſſes, l'une repréſente la mort de Socrate, & l'autre, Ulyſſe faiſant naufrage & demandant l'hoſpitalité à Nauſicaa, qu'il trouve occupée à laver ſon linge avec ſes Eſclaves, ſur le bord de la mer.

10 pouces & demi de large ſur 8 pouces de haut.

Par M. *de l'Eſpinaſſe*, Chevalier de l'Ordre Royal & Militaire de S. Louis, Académicien.

114. Halle aux Bleds. Vue priſe à la diſtance de 28 toiſes, ſur le prolongement du milieu de la rue de Vannes, vers le carrefour de celle des Deux-Ecus. L'œil du Spectateur eſt placé à la hauteur de 30 pieds, & l'heure du jour entre midi & une heure.

Pour faire voir ce monument en entier, on a ſuppoſé la ſuppreſſion des maiſons de droite & de gauche de la rue de Vannes; ſavoir, à droite juſqu'au n° 15, & à gauche juſqu'à la rue de Varenne; on a ſeulement indiqué par le terrein que les maifons fupprimées occuperoient la continuité de l'enceinte circulaire qui enveloppe de toutes parts ce monument. Sans cette fuppofition, le développement étoit impoffible.

Ce morceau, peint à la gouaffe & à l'aquerelle, a 31 pouces de large fur 23 de haut.

Par M. *Perrin*, Académicien.

115. Mort de Sénèque.

Sénèque étant expiré, des Officiers, par l'ordre de Néron, faififfent ce moment pour éloigner Pauline, fon époufe, de ce fpectacle affreux.

Ce Tableau, de 10 pieds quarrés, eft pour le Roi.

116. Mort de la Vierge.

Ce Tableau, de 12 pieds de large fur 6 de haut, eft deftiné à décorer le Chapitre des Chartreux de cette ville.

117. Théfée prend en horreur le crime de fon Epoufe & déplore la perte de fon fils Hippolyte.

3 pieds 3 pouces quarrés.

Par M. *de Valenciennes*, Affocié honoraire de l'Académie Royale de Peinture, Sculpture & Architecture de Touloufe, Académicien.

118. Œdipe trouvé par le Berger.

Laïus, Roi de Thèbes, apprit de l'Oracle qu'il feroit tué par fon fils; mais Jocafte, fa mere, au lieu de faire tuer fon fils, chargea un de fes ferviteurs de l'expofer fur le mont Citheron. Ce ferviteurs teur, touché de la beauté de l'enfant, se contenta de lui percer les talons, & le suspendit à un arbre. Un berger, conduit par hasard dans ce lieu, en eut pitié & le porta à la femme de Polybe, Roi de Corinthe, qui l'adopta.

Ce Tableau, de 3 pieds 7 pouces de haut sur 4 pieds 7 pouces de large, appartient à M. Dufresnoy.

119. Pyrrhus appercevant Philoctete dans son antre, a l'Isle de Lemnos.

Vers la dixième année du siège de Troies, les Grecs ayant appris de l'Oracle qu'ils ne pourroient prendre cette ville, si Philoctete, qu'ils avoient abandonné dans l'isle de Lemnos à cause de l'infection de sa plaie, ne leur apportoit les flèches d'Hercule, députerent vers lui Ulysse & Pyrrhus, fils d'Achille.

2 pieds 1 pouce de haut sur 3 pieds de large.

120. Paysage représentant une Ville antique; des Paysans sur le troisième plan s'exercent à la course, & deux Femmes placées sur le premier, les regardent avec intérêt.

2 pieds 6 pouces de haut sur 3 pieds 9 pouces de large. Il appartient à M. le Marquis de Clermont d'Amboise.

121. Paysage dans le genre antique, avec une entrée de Ville bâtie sur des rochers, & la mer dans le fond.

Tableau peint sur bois. 11 pouces de haut sur 1 pied 3 pouces de large.

122. Autre Paysage d'un Site montueux. On voit dans le fond un Aqueduc, & sur le devant de jeunes

Femmes qui puifent de l'eau à une Fontaine.

Ce tableau, de 9 pouces de haut, fur 1 pied de large, appartient à M. le Baron de Montefquiou.

Par M. *Girou*, Académicien.

123. Sainte Térèfe.

Tableau, de 8 pieds de haut fur 5 pieds 9 pouces de large, pour la Cathédrale de Boulogne-fur-Mer.

Par M. *Mofnier*, Académicien.

124. Portrait de M. Bailly, l'un des Quarante de l'Académie Françoife, de celle des Belles-Lettres & des Sciences, & Maire de la Ville de Paris, ordonné pour la ville de Bordeaux.

3 pieds de large fur 4 de haut.

125. Portrait de M. de Lagrenée l'aîné, ancien Directeur de l'Académie de France à Rome.

Ce tableau, de 3 pieds de large fur 4 de haut, eft un des morceaux de réception de l'Auteur.

126. Tableau d'une Femme avec une petite Fille.

3 pieds 1 pouce de haut fur 2 pieds 9 pouces de large.

127. Une jeune Perfonne méditant fur une lecture.

2 pieds 10 pouces de haut fur 2 pieds 8 pouces de large.

128. Deux Portraits fous le même numéro.

3 pieds 6 pouces de large fur 4 pieds 6 pouces de haut.

129. Deux Portraits ovales fous le même numéro.

130. Six Tableaux, Portraits & Têtes d'étude d'enfans, fous le même numéro.

Par M. *Dumont*, Académicien.

131. Portrait du Roi en miniature.

132. Portrait de M. le Comte de Montmorin, Miniftre d'Etat.

133. Deux Portraits en paftel de même grandeur.
2 pieds & demi fur 2 pieds 3 pouces.

134. Portrait de feû M. Pierre, premier Peintre du Roi.
C'eft le morceau de réception de l'Auteur.

135. Portrait de M. Vien, premier Peintre du Roi & Directeur de l'Académie.

136. Portraits de Mme Drouais & de fon fils, fous le même numéro.

137. Un Cadre renfermant plufieurs Portraits & Miniatures, fous le même numéro.

138. Deux Têtes d'étude faites à Rome.

Par M. *Légillion*, Académicien.

139. Une Grange ruinée que le Soleil éclaire à travers plufieurs folives; on y voit des femmes & différens animaux.

Ce tableau, d'un pied 8 pouces de haut fur 2 pieds 1 pouce & demi de large, eft le morceau de réception de l'Auteur.

140. Une Vue de Fribourg, plufieurs Figures & Animaux y paffent la rivière.

1 pied 8 pouces de haut fur 2 pieds 1 pouce de large, fur bois.

141. L'intérieur d'une Grotte; plufieurs Animaux y font à l'abreuvoir.

1 pied 2 pouces quarrés, fur bois.

142. Ruine antique, avec des Animaux.

Même grandeur.

143. Intérieur d'une Etable.

11 pouces de haut fur 1 pied 4 pouces de large, fur bois.

Deffins.

144. Vue du Marché aux animaux de Lille.

145. Autre Deffin de Payfage, orné de figures & d'animaux.

146. Deux Deffins, l'un, d'une chèvre, & l'autre de deux moutons.

Par M. *Corneille Van-Spaendonck*, Académicien.

147. Une Corbeille renverfée & remplie de différentes fleurs.

Ce tableau, de 3 pieds 6 pouces de haut fur 2 pieds 11 pouces, eft le morceau de réception de l'Auteur.

148. Un Vafe rempli de différentes fleurs.

De même grandeur que le précédent.

149. Autres petits Tableaux de fleurs fous le même numéro.

Par M. *Bilcoq*, Académicien.

150. Un Naturalifte.

Ce Tableau, de 2 pieds & demi de large fur 2 pieds de haut, eft le morceau de réception de l'Auteur.

151. Un Chymifte dans fon Laboratoire.

22 pouces de large fur 18 pouces de haut.

152. Jeune Fille réfléchiffant fur une lettre & des préfens qu'elle vient de recevoir.

15 pouces de haut fur 12 pouces de large.

Ces deux tableaux appartiennent à M. Bioche.

153. Un petit Enfant jouant.

8 pouces de haut fur 6 pouces de large; il appartient à M. Micque.

AGRÉÉS.

Par M. *Hall*, Agréé.

154. Plufieurs Miniatures fous le même numéro.

Par M. *Robin*, Agréé, de l'Inftitut de Bologne.

155. Fermeté de S. Louis.

S. Louis prifonnier rejette avec mépris le traité honteux & blafphématoire que les Sarrafins lui propofent de figner. Ils le menacent de mort, lèvent fur lui le fabre dont ils venoient de tuer leur Soudan. Ils donnent la torture au vieux Patriarche de Jerufalem. Ils maltraitent cruellement les autres Chrétiens afin d'intimider le Roi. Il leur dit avec courage : *Le corps de moy pourrez bien occire, mais l'ame n'occirez pas...* A Dieu ne plaife que tel traiċté parte d'un Roy de France.

Joinville & autres Auteurs.

Ce Tableau, de 17 pieds de large fur 12 pieds

de haut, eſt deſtiné pour la Cathédrale de Blois.

156. Saint François d'Aſſiſe.

2 pieds 9 pouces de haut, ſur 20 pouces de large.

157. Portrait de M. le Comte de Lally Tollendal.

Par M. *Houel*, de l'Académie des Belles-Lettres, Sciences & Arts de Rouen, Agréé.

158. Deux Payſages avec figures & animaux.

4 pieds 2 pouces de large ſur 3 pieds de haut.

Par M. *de Marne*, Agréé.

159. Naiſſance de Henri IV.

15 pouces de haut ſur 13 pouces de large.

160. Le Lever de l'Enfant.

1 pied 5 pouces de haut ſur 1 pied 3 pouces de large.

161. Comédiens forains.

1 pied 7 pouces de haut ſur 1 pied 10 pouces de large.

162. Marchands de Cantiques.

1 pied 6 pouces de haut ſur 1 pied 10 pouces de large.

163. Une Foire.

1 pied 10 pouces de haut ſur 1 pied 9 pouces de large.

164. Autre Foire où l'on voit un homme faiſant danſer des Marionnettes ſur une planche.

2 pieds 3 pouces de haut ſur 3 pieds de large.

165. Une Marche d'animaux avec des Payſages.

3 pieds de haut ſur 3 pieds & demi de large.

166. Le bon Ménage.

1 pied 3 pouces de haut fur 1 pied 2 pouces de large.

167. Un Curé moralifant fes Paroiffiens.

15 pouces de haut fur 18 de large.

168. Un Guerrier de retour chez lui.

17 pouces de haut fur 15 pouces de large.

169. Un Marchand de cerifes.

15 pouces de haut fur 18 de large.

Ces deux Tableaux font à M. Nodoue.

170. Un Repos d'animaux, où l'on voit une Femme jouant avec un petit garçon.

18 pouces de haut fur 24 pouces de large. Il appartient à M. Souri.

171. Deux Tableaux, l'un, un Marché au foin, & l'autre, d'animaux.

De 14 pouces de haut fur 16 pouces de large.

172. Deux Tableaux, l'un, une Femme qui traie une vache, & l'autre, un Berger qui joue de la flûte.

De 16 pouces de haut fur 18 pouces de large.

173. Un autre repréfentant une Vue de Suiffe; on y voit des animaux & une Femme jouant avec un chien.

22 pouces de haut fur 24 pouces de large.

Ces cinq tableaux appartiennent à M. Nodoue.

Par M. *Nivard*, Agréé.

174. Un Payfage dans le genre héroïque.

Ce Tableau, de 18 pouces de large fur 19 pouces de haut, eft tiré du cabinet de M. le Duc de la Rochefoucault.

175. Un Payſage au Soleil couchant; on y voit un Chaſſeur endormi.

7 pieds de large ſur 4 pieds 9 pouces de haut.

176. Vue du château de Mello en Beauvoiſis.

2 pieds 6 pouces de large ſur 2 pieds de haut.

177. Payſage montueux au Soleil couchant.

3 pieds 4 pouces de large ſur 2 pieds 10 pouces de haut.

178. Deux Payſages, un Clair de Lune, & un Matin.

De 18 pouces de large ſur 22 pouces de haut.

179. Effet de Soleil dans un tems couvert.

2 pieds de large ſur 22 pouces de haut.

Ces ſix Tableaux ſont tirés du Cabinet de M. Duclos-Dufrenoy.

180. Un Payſage où le Ciel, après la pluie, commence à s'éclaircir; les nuages ſe diſſipant d'un côté, produiſent un effet de Soleil ſur un Port que l'on apperçoit; le devant eſt occupé par une ſorte de tente qui ſert d'abri aux Marins & aux marchandiſes.

4 pieds de large ſur 2 pieds 10 pouces de haut.

181. Un Payſage où le Soleil éclaire par échappée les reſtes d'un vieux Château.

3 pieds 4 pouces de large ſur 2 pieds 4 pouces de haut.

182. Autre Payſage peint ſur bois à la gouaſſe; on y voit les débris d'une ancienne Ville, ſous la porte de laquelle paſſe un Régiment.

2 pieds 2 pouces de large ſur 1 pied 6 pouces de haut.

Par M. *Tonnay*, Agréé.

183. Tableau repréſentant une Meſſe célébrée dans une Chapelle dédiée à S. Roch, pour obtenir la guériſon des maladies épidémiques.

Ce Tableau, de 3 pieds 3 pouces de large ſur 2 pieds 8 pouces de haut, appartient à M. Souri.

184. Rencontre d'Henri IV & de Sully, après la bataille d'Ivry.

3 pieds 10 pouces ſur 3 pieds 11 pouces.

185. Un Payſage d'Italie, orné de fabriques & de figures.

2 pieds 2 pouces de large ſur 1 pied 8 pouces.

186. Deux Tableaux, dont l'un repréſente un Payſage & des animaux, & l'autre des Fabriques de Rome ornées de figures.

1 pied 6 pouces ſur 1 pied 1 pouce.

187. Deux Tableaux, dont l'un eſt une Vue des environs de la Suiſſe, avec animaux & figures, & l'autre, un Payſage orné des mêmes objets.

Tous les Tableaux ci-deſſus appartiennent à M. Nodoue.

188. Deux Tableaux, dont l'un une Foire, & l'autre un Port de Mer.

De 2 pieds un pouce ſur 1 pied 8 pouces, appartenans à M. Vilere.

Par M. *Le Monnier*, Agréé, Membre de l'Académie des Sciences, Belles-Lettres & Arts de Rouen.

189. Hommages rendus au Roi par la Chambre du Commerce de Normandie, à ſon paſſage à Rouen, au mois de Juin 1786.

Ce Tableau, de 10 pieds de haut fur 8 de large, eft pour la Jurifdiction Confulaire de Rouen.

190. Une fainte Famille.

Tableau de 14 pieds & demi de haut fur 9 de large, pour les Dames Urfulines de Rouen.

191. Mort d'Antoine.

Antoine, après la bataille d'Actium, fur la fauffe nouvelle de la mort de Cléopâtre, prie Eros, fon fidèle ferviteur, de le tuer. Ce ferviteur fe tue lui-même. Faut-il, s'écria Antoine, que j'apprenne mon devoir d'une femme et d'un affranchi ?

5 pieds & demi de large fur 4 pieds.

192. Une Préfentation.

Tableau de 5 pieds de haut fur 3 pieds 8 pouces de large, appartenant à M. l'Abbé le Lorrain.

L'Auteur, chargé d'un très-grand Tableau allégorique du commerce pour la ville de Rouen, prévient le Public qu'il ne pourra le lui offrir que dans le mois d'Octobre de cette année.

Par M. *Monfiau*, Agréé.

193. Mort d'Agis.

Agis, Roi de Sparte, fut condamné à la mort par les Ephores, pour avoir voulu faire revivre les anciennes loix de Lycurgue; c'eft l'inftant qu'Agéfiftrata, après avoir couvert le corps de fa mere d'un linge, fe jette fur celui de fon fils, & lui dit : c'eft l'excès de ta piété, de ta douceur, de ton humanité qui t'a perdu, & qui nous a perdues avec toi. *Plutarque*

6 pieds de large fur 3 pieds 2 pouces de haut.

Deffins.

194. Mort de Cléopâtre.

195. Triomphe de Paul Emile.

Ce deffin eft la fuite de ceux qui ont été expofés au dernier Sallon. Il appartient à M. Daucourt, Directeur des fermes.

Par M. *la Vallée-Pouffin*, Agréé.

196. L'Adoration des Bergers.

Hauteur, 12 pieds 8 pouces; largeur, 8 pieds 6 pouces.

Ce Tableau eft deftiné à décorer la tribune de l'Eglife Cathédrale de Montauban; il eft donné par Monfeigneur l'Evêque à ladite Eglife.

197. Le Retour du jeune Tobie, & fa rencontre avec fon pere & fa mere.

Hauteur 6 pieds 6 pouces; larg. 5 pieds.

Par M. *de la Fontaine*, Agréé.

198. Intérieur de la Cathédrale de Paris, vu du milieu de la nef, éclairé par un coup de foleil.

Hauteur, 3 pieds 2 pouces fur 3 pieds 9 pouces de largeur.

199. Intérieur d'une Eglife gothique, effet de nuit. La grande lumière étant derrière un pilier, fait diftinguer une Chapelle où l'on porte un enfant au Baptême.

Haut de 2 pieds 2 pouces, large de 3 pieds 9 pouces.

200. L'Eglife de S. Roch, vue du milieu, éclairée par un

coup de ſoleil; on voit célébrer un mariage dans le chœur.

Ce Tableau, de 2 pieds 7 pouces de haut ſur 3 pieds 2 pouces de large, appartient à M. Hamond.

201. Vue de l'intérieur de Notre-Dame de Paris, priſe des bas-côtés.

2 pieds 7 pouces de haut ſur 3 pieds 2 pouces de large.

202. Egliſe Gothique, effet de jour. On y remarque pluſieurs figures vêtues à l'Eſpagnole.

1 pied 8 pouces de haut ſur 2 pieds 1 pouce de large.

203. Autre Egliſe gothique, effet de nuit. On y voit pluſieurs figures à l'Eſpagnole.

1 pied 6 pouces de haut ſur 1 pied 10 pouces de large.

204. Egliſe de Flandres, effet de jour. Les figures ſont habillées à l'Eſpagnole.

Haut d'un pied 7 pouces ſur 1 pied 10 pouces de large.

205. Petite Egliſe gothique, éclairée dans la nuit par un flambeau.

6 pouces de haut ſur 7 pouces de large.

206. Intérieur de priſon éclairé par une lampe. On voit Notre-Seigneur conduit par pluſieurs ſoldats.

11 pouces de haut ſur 14 de large.

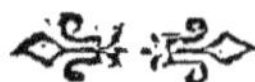

SCULPTURES.

OFFICIERS.

PROFESSEURS.

Par M. *Pajou*, de l'Académie des Infcriptions & Belles-Lettres, des Académies de Bologne, de Parme & de Touloufe, Tréforier de l'Académie & Profeffeur.

207. Portrait de Mme de Wailly.
Bufte en marbre.

208. Portrait de feû M. le Moyne, Sculpteur du Roi, ancien Directeur & Recteur de l'Académie.
Bufte en marbre.

209. Portrait de M. Robert, Peintre du Roi & Confeiller de l'Académie.
Bufte en terre cuite.

210. Un Voyageur auquel un homme tire une épine du pied. Le but de l'Auteur, dans cette compofition, eft de réunir dans un même morceau les expreffions de la *douleur* & de l'*attention*.
Efquiffe en terre cuite.

Deffin.

211. Projet de Tombeau pour un Seigneur de Ruffie.
Son Excellence M. le Comte de Chérémétof, tendrement attaché à la mémoire de fon pere et de fa mere, veut leur élever un monument, qui tranf-

mette à la poſtérité le ſouvenir de leurs vertus & de ſes regrets; c'eſt pourquoi il eſt repréſenté ſous l'emblême de la piété filiale, levant le voile funéraire, pleurant & priant pour eux. Au pied du lit mortuaire, où ils ſont couchés, l'hymen eſt appuyé ſur ſon flambeau éteint, & paroît dans une profonde affliction.

Par M. *Caffieri*, de l'Académie des Sciences, Belles-Lettres & Arts de Rouen, Honoraire de l'Académie de Dijon, Profeſſeur.

212. De Belloy, Citoyen de Calais

Buſte en marbre, deſtiné à être placé dans le foyer de la Comédie françoiſe.

213. L'Amitié pleurant ſur les cendres de ſon Amie, à l'ombre d'un cyprès.

214. Une Nayade.

Figure en terre cuite.

215. Fabri, Seigneur de Peireſc, Conſeiller du Parlement d'Aix, mort en 1637, âgé de 57 ans.

Buſte en terre cuite, pour l'Académie Royale des Belles-Lettres.

216. M. Pingré, Chanoine régulier, Aſtronome-Géographe du Roi, Chancelier de l'Univerſité & de ſa Congrégation, de l'Académie des Sciences, & Bibliothécaire de Ste Geneviève.

Ce Buſte a été donné par l'Auteur à cette Bibliothèque.

217. De Marivaux.

Buſte en terre cuite, deſtiné à être placé dans le foyer de la Comédie Italienne.

218. Pluſieurs Buſtes ſous le même numéro.

Par M. *Bridan*, Profeſſeur.

219. M. le Cardinal de Luynes.
Buſte en marbre.

Par M. *Gois*, de l'Académie des Belles-Lettres & Arts de Rouen, Profeſſeur.

220. Matthieu Molé, premier Préſident & Garde-des-Sceaux.

Statue en marbre pour le Roi, de 6 pieds de proportion.

Cette figure n'a pu être totalement terminée par pluſieurs circonſtances, & particulièrement par la rigueur du dernier hiver.

221. Cheval écorché, modèle en cire.

Ce modèle a été exécuté, d'après nature, à l'Ecole vétérinaire, & ſur les principes de feû M. Vincent, Profeſſeur de cette Ecole. Cet habile Anatomiſte en a bien voulu diriger le travail. Ainſi, l'on peut en garantir non-ſeulement la plus exacte régularité pour l'allure du Cheval & le mouvement des muſcles, mais encore la proportion la plus ſcrupuleuſe dans l'enſemble & dans les parties de cet animal.

On y a joint un modèle du même Cheval écorché ſous le même numéro, pour donner avis aux Académies étrangères, Artiſtes & Particuliers, que ce morceau eſt moulé, et que l'on en peut trouver chez l'Auteur au Louvre.

222. M. Rey, Maître de la Muſique de la Chambre du Roi.
Buſte en plâtre.

Deſſin.

223. La chaſte Suſanne conduite au Tribunal par ſes Accuſateurs.

L'inſtant eſt celui que ſon Arrêt de mort lui eſt lu.

Par M. *Mouchy*, Profeſſeur.

224. Montauſier.

Figure en marbre pour le Roi, de 6 pieds de proportion.

225. Harpocrate, Dieu du ſilence.

Figure en marbre de grandeur naturelle pour le Roi.

Par M. *Berruer*, Honoraire de l'Académie d'Amiens, Profeſſeur.

226. La Fécondité ou la Mere de famille.

Bas-relief en terre cuite d'environ 3 pieds de long ſur 2 de haut.

227. Buſte de M***, Médecin de la Faculté de Paris.

Terre cuite.

Nota. On voit du même Auteur, ſur la porte principale de l'Egliſe de S. Barthélemi, un grouppe exécuté dans la proportion de 8 à 9 pieds, repréſentant la foi & la charité.

ADJOINTS A PROFESSEUR.

Par M. *Julien*, Adjoint à Profeſſeur.

228. Pouſſin.

Figure de 6 pieds pour le Roi.

L'Auteur ſuppoſe ce célèbre Peintre ſortant de ſon lit pour tracer une compoſition qu'il a méditée toute la nuit.

229. Léda.

Figure en marbre de 3 pieds environ de proportion : elle appartient à M. le Baron de Juis de Lyon.

230. Figure de l'Etude, en plâtre, d'environ 2 pieds & demi de proportion.

Par M. *Le Comte*, Adjoint à Profeſſeur.

231. Rollin.

Figure en marbre pour le Roi, de 6 pieds de proportion.

232. Feûe Mme Sorbet.

Buſte en marbre.

233. Feû M. l'Abbé de Randonvilliers, de l'Académie Françoiſe.

234. Feû M. le Baron d'Olback.

Ces deux Buſtes ſont en plâtre.

Deſſin.

235. La Religion & les Vertus Théologales, compoſées pour le devant de la Chaire de la Chapelle de S. A. S. l'Electeur de Trèves.

Par M. *Boizot*, Adjoint à Profeſſeur.

236. M. Necker, Directeur-Général des Finances.

Buſte en plâtre, fait de mémoire depuis le retour de ce Miniſtre à Paris, le trente Juillet de cette année.

237. Grouppe en marbre, repréſentant un témoignage de reconnoiſſance d'une Dame à ſon amie, pour les ſoins rendus pendant la maladie d'un enfant chéri.

238. L'Amitié.
Figure en marbre de 22 pouces de proportion.

239. La Tendreſſe.
Pendant de la figure précédente.

ACADÉMICIENS.

Par M. *Houdon*, Académicien, Membre de l'Académie de Toulouſe.

240. Le Prince Henri de Pruſſe.
Buſte en bronze de grandeur naturelle.

241. M. Sefferſon, Envoyé des Etats de Virginie.

242. M. le Chevalier de Boufflers.

243. M. le Préſident du Paty.

244. Mlle Olivier, Penſionnaire du Roi.

245. Pilaſtre de Roſier.
Ces Buſtes ſont en plâtre.

246. Tête d'Enfant à l'âge de 10 mois.

247. J. J. Rouſſeau.

248. Buſſon.

249. Diderot
Têtes en marbre de petite proportion.

Par M. *de Joux*, Académicien.

250. Une Figure de bas-relief de 6 pieds de proportion.

Par M. *Monot*, Académicien.

251. Feû M. Hardouin, Avocat.

Bufte en marbre.

252. M. ***.

Bufte en plâtre.

Par M. *Stouf*, Académicien.

253. Androclus, Efclave fugitif d'un Proconful d'Afrique, panfant la bleffure d'un Lion, après lui avoir tiré une épine de la patte.

Modèle en plâtre de 6 pieds de proportion.

Tout le monde fait que cet efclave, ayant vécu quelque temps avec ce lion, & l'ayant quitté las de mener une vie fi fauvage, fut pris & amené dans Rome, & que, vers le même tems, ce lion y fut auffi amené ayant été arrêté dans les forêts. Parmi ces fpectacles chers aux Romains, le combat des criminels contre les bêtes féroces étoit celui qui leur plaifoit le plus. Androclus condamné à combattre, entrant dans la lice, fut reconnu par ce même lion, qui loin de l'attaquer le careffa. La reconnoiffance de l'animal obtint de Caligula même la grace de l'efclave son ami.

254. Jeune Fille pleurant.

Bufte en marbre.

Par M. *Foucou*, Académicien.

255. Bertrand du Guefclin.

Figure pour le Roi, de 6 pieds de proportion.

A la célèbre journée de Cocherel, où du Guefclin

remporta la victoire ſur les Anglois, il couroit partout les bras nuds & l'épée enſanglantée à la main, criant aux François, vaillans compagnons la victoire eſt à nous, voici la première bataille de notre Roi, elle doit être ſon premier triomphe. Elle ſe donna le 23 Mai 1364, ſous Charles V.

256. Ariane abandonnée dans l'Iſle de Naxos.

Par M. *Boquet,* Académicien.

257. Archimède.

Figure en marbre. Morceau de réception de l'Auteur.

258. Icare & Dédale. Le pere cachant ſes craintes, fait ſes adieux à ſon fils.

Grouppe de 3 pieds.

259. Une Veſtale.

2 pieds 8 pouces.

260. Deux Portraits ſous le même numéro, l'un de M***, & l'autre d'un enfant.

AGRÉÉS.

Par M. *Roland*, Agréé.

Buſtes en terre cuite.

261. M. Suvée, Peintre du Roi, Adjoint à Profeſſeur.

262. Mlle la Comteſſe du Tom.

263. Mlle Potain.

264. Deux Enfans de M. Rouſſeau, Architecte, ſous le même numéro.

Par M. *Moitte*, Agréé.

265. Dominique Caſſini.

Figure de 6 pieds de proportion ordonnée pour le Roi.

266. Mme Moitte.

Buſte en plâtre.

Deſſins.

267. Un Candelabre.

268. Le Jugement de Pâris.

269. Un Plafond.

270. Les trois Tarquins viſitant Lucrèce.

Par M. *Milot*, Agréé.

271. Le Deſtin.

272. Buſte de M***.

Par M. *de Seine*, Agréé.

273. Un Aquilon. } Têtes d'études faites à Rome.
274. Un Béliſaire. }

Buſtes en plâtre.

275. M. Bailly, Maire de Paris.

276. M. le Roi, Architecte.

277. M. Sallin, Docteur & ancien Doyen de la Faculté de Paris.

Buſte en marbre.

278. Hébé & Bacchus.

Eſquiſſe, terre cuite. Ces figures ſont exécutées en marbre de proportion de 5 pieds & demi.

279. L'Harmonie.

Petite eſquiſſe, terre cuite. La figure eſt exécutée

de 5 pieds de proportion pour Madame la Princeſſe de Quinska.

Par M. *de Laiſtre*, Agréé.

280. Une Etude de la tête de la Vierge qui doit être exécutée en marbre pour l'Egliſe de S. Nicolas-des-Champs.

281. Portrait de Mme ***.
Médaillon de 18 pouces de diamètre.

282. Flore.
Modèle de 30 pouces.

Par M. *Giraud*, Agréé.

283. Achille.
C'eſt le moment où il reçoit la flèche que Pâris lui décocha.

Par M. *Boichot*, Agréé.

284. Telèphe, Roi de Myſie, s'arrachant de la cuiſſe une flèche lancée par Achille.
Proportion demi-nature.

285. Bacchus.
Buſte en terre cuite.

286. Ganymède.
Eſquiſſe en terre cuite.

Deſſins.

287. Le Chriſt porté au tombeau.

288. Deſcente de Croix.

289. Combat des Lapithes & des Centaures.

290. Achille plongé dans le Styx par Thétis ſa mere.

291. Les Vendanges.

292. Bacchanales.

293. Diane diſtribuant des flèches à ſes Compagnes.

294. Aſſemblée des Philoſophes.

Par M. *Fortin*, Agréé.

295. Un Chaſſeur se repoſant.
Figure en plâtre.

296. Réconciliation.
Bas-relief en plâtre.

297. Hommage à l'Amitié.
Le jeune Drouais, ſous l'emblême du Génie de la Peinture, vient d'expirer. La Peinture eſt aſſiſe près de ſon lit; derrière elle la Nature debout détourne les yeux, tandis que l'amitié preſſe contre ſon front la main inanimée du Génie, & que la Renommée montre au peuple éploré le Temple de mémoire, où des Génies portent le Tableau de Marius.

298. Socrate enſeignant la Sageſſe.

299. Cham, maudit par Noé, ſe retire dans le déſert.

300. Fêtes domeſtiques.

301. Ariſtophane compoſant la Comédie des Nuées.

302. Des Voyageurs deſcendus dans les Catacombes de l'Egypte, y trouvent deux hommes morts, & dans les mains de l'un deux, une lettre où ils voient écrit que ces infortunés avoient été dépouillés & enfermés par leurs Guides dans ces tombeaux, & morts de faim; en même temps ils entendent leurs conducteurs fermer le ſouterrein.

303. Un Pere met ſous la protection de Mars deux fils qui vont combattre.

304. Education.
305. Elie dans le déſert.
306. Les Plaiſirs de la Maternité.
307. Bacchanale d'Enfans.
308. Léonidas entrant dans le Temple de Neptune pour y faire arrêter Cléombrotus qui s'y étoit retiré pour ſe ſouſtraire à la vengeance du Roi; Chélonis, ſa femme, obtient, par ſes prières, qu'il ne ſoit qu'envoyé en exil.
309. Une Réconciliation d'Amour divin.

Par M. *Chaudet*, Agréé.

310. La Senſibilité.

Figure en marbre de 2 pieds de proportion.

Elle conſidere une ſenſitive qu'elle vient de toucher. Sur le ſocle ſont gravés quatre ſujets d'histoire repréſentant différens effets de la ſenſibilité. Autour du vaſe ſur lequel la figure eſt appuyée, ſont auſſi repréſentés des animaux, à qui l'on accorde cette qualité.

311. Portrait de M. Ménageot, Directeur de l'Académie de France.

Buſte en plâtre.

312. Deux Têtes d'étude ſous le même numéro.
313. Un Soldat vaincu.

Figure de 2 pieds 8 pouces.

Deſſin.

314. Un Vieillard eſt amené par ſes Enfans dans le Temple d'Egia, Déeſſe de la Santé, pour la prier de leur conſerver long-temps un pere qui fait leur bonheur.

GRAVURES.

ACADÉMICIENS.

Par M. *Le Vaſſeur*, Académicien.

315. Léonard de Vinci, mourant dans les bras de François Ier.
D'après M. Ménageot.

316. Le Teſtament déchiré.
D'après M. Greuze.

Par M. *Lempereur*, Académicien.

317. Les Graces lutinées par les Amours.
D'après M. de la Grenée.

318. Les Amours enchaînés par les Graces.
D'après le même.

Par M. *Duvivier*, Graveur général des Monnoies & des Médailles du Roi.

319. Cadre renfermant les objets ſuivans.
N°. 1. Pont de Louis XVI.
2. Travaux de la Rade de Cherbourg.
3. Etabliſſement de la Manufacture Royale d'Horlogerie.
4. Buſte de M. Necker.
5. Buſte de M. Bailly.
6. Buſte du Général Washington, & au revers, Evacuation de Boſton, 1776.

7 & 8. Médailles pour le Colonel Washington & le Colonel Howard. Ces 3 Médailles ſont pour les Etats-Unis de l'Amérique.

9. Différens Jetons d'Académies & autres.

Par M. *Cathelin*, Académicien.

320. Portrait de M. Louis, Secrétaire perpétuel de l'Académie Royale de Chirurgie.
D'après M. Greuze.

321. Portrait de J. J. Balechou, Graveur.
D'après le paſtel de M. Arnavon, Chanoine d'Avignon.

Par M. *Klauber*, Académicien.

322. Femme de Miéris.
D'après Miéris.

Par M. *Moreau*, de l'Académie des Sciences, Belles-Lettres & Arts de Rouen, Conſeiller Aulique, Graveur & Deſſinateur de S. M. le Roi de Pruſſe, Graveur & Deſſinateur du Cabinet du Roi, Académicien.

323. Quatre Eſtampes pour les fêtes de la Ville, ſous le même numéro.

Deſſins.

324. Ouverture des Etats-Généraux, du 5 Mai 1789.

325. Conſtitution de l'Aſſemblée Nationale, du 17 Juin suivant.

326. Tullie faiſant paſſer ſon char ſur le corps de son pere.
C'eſt le morceau de réception de l'Auteur.

327. Patriotiſme & fidélité au Roi.

Le 24 Février 1525, Jean le Sénéchal, Seigneur de Molac & de Carcado, Capitaine de cent hommes d'Armes, Gentilhomme de la Chambre de François premier, ſauva la vie à ce Prince par le ſacrifice de la ſienne. Voyant un Arquebuſier prêt à tirer ſur le Roi, il ſe précipita au-devant du coup & fut tué.

Eſtampe dédiée à M. le Marquis de Molac, Chef de nom & armes des grands Sénéchaux féodés & héréditaires en Bretagne.

AGRÉÉS.

Par M. *de Saint-Aubin*, Agréé.

328. Portrait de M. Necker.
D'après M. Dupleſſis. Format in-12, gravé en Juillet 1789.

329. Lekain, dans le rôle d'Oroſmane.
D'après M. le Noir, Peintre du Roi.

330. Un Cadre renfermant pluſieurs petits Portraits d'Artiſtes de la Société des Enfans d'Apollon.

331. Deux demi-figures dans des ovales & faiſant pendant, deſſinées & gravées par l'Auteur.

332. Pluſieurs Portraits deſſinés à la mine de plomb, mêlés d'un peu de paſtel, ſous le même numéro.

Par M. *Maſſard*, Agréé.

333. Erigone.
D'après Miéris.

334. Sainte Famille.
D'après Annibal Carache.

335. La Magdelène pénitente.
D'après Carl. Cignani.

FIN.

SUPPLÉMENT.

PEINTURES.

Par M. *Voiriot*, de l'Inftitut de Bologne, de l'Académie de Florence & de celle de Rouen, Confeiller.

336. Portrait de M. Sue, Profeffeur Royal en Anatomie aux Ecoles de Chirurgie, de la Société de Londres & d'Edimbourg, &c., Profeffeur pour l'Anatomie à l'Académie Royale de Peinture.
4 pieds de haut fur 3 de large.

337. Plufieurs Portraits fous le même numéro.

Par M. *Callet*, Académicien.

Explication du Tableau de M. Callet, n° 65, annoncé par ces mots : l'Eté ou les Fêtes de Cérès.

Cette Déeffe avoit enfeigné aux Hommes la manière de faire venir le bled & d'en former du pain; au milieu des Sacrifices qu'on lui offroit, les Femmes vêtues de blanc, couroient avec des flambeaux allumés en reffouvenir de Cérès qui, à la clarté des torches enflammées, avoit parcouru la Sicile pour chercher fa fille Proferpine enlevée par Pluton. On lui offroit des porcs pour victimes.

Par M. *Weyler*, Académicien.

338. Plufieurs Portraits en paftel fous le même numéro.

M. Weyler, voulant retracer à la France des grands Hommes qui ont illuftré la nation, & ceux qui s'illuftrent de nos jours, ne pouvant fe procurer des originaux qu'avec beaucoup de peine & de démarches, invite inftamment le Public, poffeffeur de ces tréfors, de vouloir bien les lui prêter. Les efquiffes en paftel qu'il a l'honneur d'offrir à fes regards, & qui doivent être exécutées en émail, afin de porter leurs noms à la poftérité la plus reculée, font toutes copiées d'après des tableaux qui ont le grand mérite de la reffemblance, mais peu font peints par mains de maître. L'Auteur fe flatte qu'en faveur d'une entreprife dont il s'honore, le François s'empreffera à lui épargner des recherches qui néceffairement lui font perdre un temps précieux. Il efpere témoigner fa reconnoiffance au public ne le faifant juge à toutes les expofitions du Sallon du Louvre de fon application à remplir une tâche auffi intéreffante.

339. Plufieurs Portraits en émail & miniature fous le même numéro.

Par Mme *Le Brun*, Académicienne.

340. Portrait de Monfeigneur le Dauphin.

Par M. *Giroufl*, Académicien.

341. Œdipe à Colone.

Œdipe retiré à Colone, près du Temple des Euménides, accompagné de ses deux filles Ismène & Antigone, accable de sa malédiction son fils Polynice qui vient implorer son pardon. Tragédie de Sophocle.

6 pieds de long sur 5 de haut.

C'est le morceau de réception de l'Auteur.

Par M. *Vernet fils*, Agréé.

342. Triomphe de Paul Emile.

Paul Emile triomphant de Persée, dernier Roi de Macédoine, qui suit avec sa famille le char du vainqueur.

14 pieds de long sur 5 pieds & demi de haut.

343. Un Homme à cheval terrassant un Lion.

Figure académique. 9 pieds de haut sur 7 de large.

344. Plusieurs Dessins sous le même numéro.

Par M. *Gauffier*, Agréé.

345. Alexandre & Epheftion.

Alexandre étant à lire une lettre de sa mere, dans laquelle elle lui reprochoit de rendre ses amis trop puissans, Epheftion s'approchant lisoit par dessus son épaule. Alexandre ne l'empêcha point, mais tirant seulement son anneau de son doigt, il en mit le cachet à la bouche de son Favori pour lui recommander le secret.

10 pieds de haut sur 8 de large.

346. Jacob venant trouver les filles de Laban.

Ce Tableau, de 4 pieds de long ſur 3 pieds de haut, appartient à M. le Préſident Bernard.

347. Entrevue d'Auguſte & de Cléopâtre après la bataille d'Actium.

3 pieds & demi de long ſur 2 pieds & demi de haut.

SCULPTURE.

Par M. *Giraud*, Agréé.

348. Un Mercure, en marbre.

GRAVURE.

Par M. *de Launay*, Agréé.

349. Portrait de feû M. de Troy fils, Directeur de l'Académie de France à Rome.

350. Portrait de feû M. le Clerc, Profeſſeur de perſpective.

Nogent-le-Rotrou, imprimerie de A. Gouverneur.

www.ingramcontent.com/pod-product-compliance
Lightning Source LLC
LaVergne TN
LVHW010051230826
846091LV00005B/1914
9782013686549